AF224029

MAISON

VIRY DE VIRY

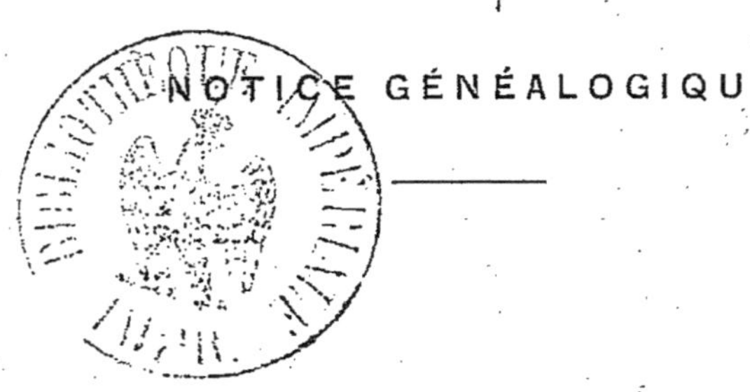

NOTICE GÉNÉALOGIQUE

PARIS

AU BUREAU DU CABINET HISTORIQUE

RUE DES GRANDS-AUGUSTINS, 5

1864

MAISON VIRY DE VIRY

ARMES :

Palé d'argent et d'azur de six pièces. Supports : Deux lions. — Couronne de marquis pour l'aîné et de comte pour les autres membres de cette famille.

Devise : A VIRTUTE VIRI.

———

La maison de Viry, d'ancienne chevalerie, a occupé les charges les plus élevées dans l'armée, dans la diplomatie et dans l'administration : elle compte quatre chevaliers croisés, dix chevaliers de l'ordre de Saint-Jean de Jérusalem, neuf seigneurs arbitres ou garants des traités conclus par les comtes et ducs de Savoie, quatre grands baillis, quinze conseillers d'Etat et chambellans du roi de France, des ducs de Bourgogne, de Bourbon et de Savoie, des comtes et des princes évêques de Genève ; six ambassadeurs extraordinaires et deux ministres secrétaires d'Etat des ducs de Savoie et rois de Sardaigne, trois chevaliers de l'ordre suprême de la Sainte-Annonciade ; un grand nombre, enfin, de généraux, gouverneurs et commandants des forces et armées des rois de France et de Sardaigne et des ducs de Bourgogne et de Savoie. — Les principales alliances de la famille de Viry jusqu'à la fin du XVIIIᵉ siècle, sont avec les maisons :

De Genève, — de la Chambre, — d'Arlos, — de la Baulme, — de Seyssel, — de Ternier, — de Châtillon, — de Bauffremont, — de Bussy, — de Saint-Joire, — de Montluel, — de Villette de Chevron, — de Rougemont, — d'Allinges, — d'Hauteville, — de Compey, — de Menthon, — de Vergy, — de Montjoie, — de Mendoça, — de Cordon, — d'Aubonnes, — de Pontverre, — de Coucy, — de Lullier, — de Foras, — d'Oncieux,

— de Rabutin, — d'Antioche, — de Chanley, — de Marchant, — Dinet de Saint-Romain, — de Villars, — de Villars de la Roche, — d'Obeilk, — Auliers de Ville-Moutiers, — de Villeneuve, — de Monthoux, — de Lucinge, — de Rochette de Cohendier, — Costa de Villars de la Mothe, — de Mareste de Rochefort, — de Blancheville, — de Challier de Pérignat.

Charles-Auguste de Sales, évêque et prince de Genève, neveu de saint François de Sales, dans son *Pourpris historique de la maison de Sales de Thorens*, s'exprime ainsi page 3 :

« Le premier et le plus grand soin du nouveau prince Gérold, comte de Genève et du Genevois (1038), fut de se faire de nouveaux courtisans..... distinguant sa province en baronies et seigneuries, et avantageant des rayons de sa domination les familles qui avoient suivi son parti ou lesquelles il devoit gagner par politique ; ce furent les maisons de Ternier, de Viry, de Compey, de Salnove et de Menthon, et dont les histoires sont si reçues que je ferois une grande superfluité d'en mettre les preuves. »

Et à la page 531 : « Je dois dire quelque chose pour la Maison de Viry. Elle porte : *Palé d'argent et d'azur de six pièces*. C'est sans difficulté l'une des plus nobles, plus anciennes et plus illustres maisons du Génevois, jusque-là qu'il y en a proverbe. Elle subsistoit aux premiers temps des premiers comtes du Genevois. »

Et plus loin : « J'ai d'autres mémoires de cette Maison jusqu'à l'an 1634, mais je n'ai pas ici assez de place pour les étaler. Il me suffit de dire qu'elle est depuis longtemps titrée des comtes, et qu'elle a toujours produit de grands personnages. »

Cette famille, déjà illustre au xᵉ siècle, a une généalogie qui remonte par titres authentiques à l'an 980. A cette époque le sire de Viry se trouva à la bataille que Bérold, auteur de la Maison royale de Savoie, livra aux Genevois pour la défense de Bezon, roi d'Arles. Ce fut d'après les conseils du sire de Viry que se conduisit Bérold lorsque, vers l'an 1006, il voulut s'emparer de la Maurienne, dont le poste le plus important étoit Aiguebelle, et qu'il confia au sire de Viry, qui y fit bâtir le château de Charbonnières. En ce château furent célébrées, l'année suivante, les noces d'Humbert aux Blanches Mains, fils de Bérold (1).

Le fils du sire de Viry fut Hugues Ier de Viry, qui épousa Antoinette, fille du comte souverain de Genève, et mourut le 18 mars de l'an 1047. Leur épitaphe se voit encore dans l'église de l'abbaye de Bonlieu-sous-Salnove (Haute-Savoie).

Les noms de Viry et de Salnove étoient, dans l'origine, portés indistinctément par les mêmes individus comme réunissant la propriété souveraine des deux fiefs de Viry et de Salnove jusqu'au moment où Hugues II de Viry et de Salnove partagea ses biens entre ses fils : Aimon (de Salnove), Vulierme (de Viry), Henri (de Viry-Pimont), par son testament du 17 des calendes de janvier de l'an 1239. — Ce fut ce même Hugues de Viry qui, vers l'an 1200, partit pour la croisade, à la suite de Thomas, comte de Savoie ; il avoit épousé Anceline de Ternier, mourut en 1239, et fut enseveli en l'église de Saint-Pierre de Genève (2).

On remarque dans la branche de Salnove :

GUICHARD DE VIRY DE SALNOVE, qui épousa Bonne de Seyssel, et fut un des principaux seigneurs qui, en 1147, suivirent à la croisade le comte Amé de Savoie (3).

PIERRE DE VIRY DE SALNOVE, conseiller d'État du roi Louis VIII ; en cette qualité il assista, avec Jean, roi de Jérusalem, le sire de Montmorency, connétable de France, Guillaume de Senlis,

----

(1) Coquille : Histoire du Nivernois. — Delbene : de Regno Burgundi, liv. III. — Guichenon : Histoire de Bresse. — Nostradamus : Histoire de Provence. — Delbene : de Regno Burgundi.

(2) Archives du château de Viry, n° 383. — (3) Guichenon : Histoire de la Maison de Savoie.

chancelier de France, Barthélemy de Troie, Enguerrand de Coucy, Gontier, archevêque de Sens, au conseil que le roi tint le 24 juin 1224, pour juger les évêques de Coutances, d'Avranches et de Lisieux.

Aimon II de Viry de Salnove, qui fut, comme nous l'avons indiqué précédemment, auteur de la branche distincte de Salnove. Il fut caution pour le comte de Genève de l'exécution du traité de paix conclu entre ce prince et Amé, comte de Savoie, le 4 des ides de décembre de l'an 1293.

Pierre de Salnove, conseiller d'État du comte de Savoie et maître auditeur de sa Chambre des comptes en 1300. Il épousa Claudine de Bauffremont, fille de Guillaume de Bauffremont, baron de Guy, chambellan du duc de Bourgogne (1).

Guy de Salnove, chevalier Banneret, fut, à la tête de 189 écuyers, 83 archers et 2 hérauts d'armes, à la revue des troupes que passa près de Beauvais le duc de Bourgogne, en 1417; ce dernier prince le créa son chambellan. —Guy de Salnove épousa Antoinette de la Baulme, fille d'Etienne de la Baulme, amiral et maréchal de Savoie, chevalier de l'ordre suprême de la Sainte-Annonciade (2).

Géléas de Salnove fut un des seigneurs qui, en 1455, jurèrent la paix et envoyèrent leurs sceaux pour l'observation du traité conclu, en 1452, entre le roi de France et le duc de Savoie. Il épousa Louise de Montluel, fille de Jean de Montluel, seigneur de Châtillon, conseiller et chambellan du duc de Savoie, gouverneur du Piémont, chevalier de l'ordre suprême de la Sainte-Annonciade (3).

Antoine, premier baron de Salnove, chancelier et conseiller d'Etat du roi des Romains et de l'archiduc son fils, conseiller d'Etat du duc de Savoie (4).

---

(1) Traité de la Chambre des Comptes de Savoie, par Capré — (2) Histoire des Grands Officiers de la Couronne (Savoie). — (3) Guichenon, Histoire de Bresse. — (4) Archives du château de Viry, n° 909.

ALEXANDRE, baron de Salnove, conseiller d'Etat du prince évêque de Genève, chambellan du duc de Savoie et son ambassadeur auprès de Charles d'Autriche, roi d'Espagne, à l'occasion de l'élection de ce prince à l'empire d'Allemagne. Il épousa Marguerite de Villette de Chevron, dont il eut trois fils, tous trois morts sans postérité. La branche de Salnove s'est ainsi éteinte vers le milieu du xvie siècle.—Pierre de Montluel, grand bailli du Bugey, s'empara de la succession du dernier baron de Salnove, et Marin, comte de Viry, seul vrai héritier des biens et des titres de la branche de Salnove, en vertu des pactes de famille, transigea avec lui le 27 avril 1574, moyennant la somme de 3,200 écus d'or (1).

—

La branche de Viry-Pimont, qui eut pour auteur Henri, troisième fils de Hugues II de Viry de Salnove, s'est éteinte en la personne de Guillaume de Viry, grand bailli du pays du Forez, en 1299, qui avoit épousé Françoise de Bruissons, dont il eut une fille et deux fils entrés dans les ordres (2).

—

La branche de Viry eut pour auteur Vullierme, second fils de Hugues II de Viry de Salnove; elle fut la souche de plusieurs rameaux, qui sont :

VIRY-LA-PERRIÈRE.—Cette branche a eu pour auteur Henry III de Viry, fils aîné de Vullierme de Viry, cité plus haut; elle s'est éteinte vers la moitié du xvie siècle en les personnes de Jean VI, baron de Viry-la-Perrière; Amé VI, son frère, tous deux morts sans postérité, et François de Viry-la-Perrière, engagé dans l'état ecclésiastique (3).

(1) Histoire de Savoie. — Archives du château de Viry, no 1223. — (2) Besson, Mémoires historiques des diocèses de Savoie. — (3) Archives du château de Viry, nos 880, 893, 905, 907, 913, 920, 937, 947, 948, 1398, 2184. — Généalogie manuscrite, par l'Évêque de Saluces, déposée à la Bibliothèque du Roi.

VIRY-HAUTEVILLE. Cette branche a eu pour auteur Louis de Viry, quatrième fils de Amé III de Viry-la-Perrière et de Jeanne de Compey. Elle s'est éteinte en 1510 en la personne de Claude de Viry, reçu chanoine, comte de Lyon (1).

—

VIRY-BEAUREPAIRE. Cette branche fut formée par Jean Ier, cinquième fils de Vullierme, et par conséquent petit-fils de Hugues II de Viry de Salnove. Elle s'est éteinte, vers la fin du XIVe siècle, en la personne de Richard II, qui n'eut que deux filles, l'une mariée à Simond de Compey de Thorens, et l'autre à Humbert de Châtillon (2).

—

VIRY-ALLEMOGNE, branche formée par François de Viry, deuxième fils de Henry III de Viry-la-Perrière. Elle s'est éteinte au milieu du XIVe siècle, en la personne de Jean III de Viry, qui n'eut qu'une fille non mariée (3).

—

VIRY-VIRY. Cette branche a eu pour auteur Hugues, autrement dit Guy de Viry, deuxième fils de Vullierme et petit-fils de Hugues II de Viry de Salnove; il étoit par conséquent frère de Henry III de Viry-la-Perrière, cité plus haut. Cette branche fut la souche de toutes celles qui suivent, et le rameau proprement dit de Viry-Viry s'est éteint, en 1528, en la personne d'Amé de Viry-Viry, mort sans postérité (4).

—

VIRY-CHASTELLARD. L'auteur de cette branche fut Hugues de Viry, deuxième fils de Henry Grutton de Viry-Viry, grand

---

(1) Histoire de Bresse, 2e partie, p. 93. — Archives de Viry-la-Forest. — (2) Histoire de Bresse. — Archives du château de Viry, n°s 27, 61. — (3) Histoire de Bresse. — Archives de la Chambre des Comptes de Savoie. — Archives du château de Viry, n° 185. — (4) Généalogie de la Maison de Viry, à la Bibliothèque du Roi. — Archives du château de Viry, n° 1245.

bailli de Lausanne en 1314, et de Catherine de Pontverre. Elle s'est éteinte, vers la fin du XVe siècle, en la personne de Claude de Viry, qui épousa Blonde de Rabutin, dont il n'eut qu'une fille, Amée, mariée à Jean de Chanley (1).

—

VIRY-ESPAGNY. Ce rameau eut pour auteur Guillaume de Viry, troisième fils d'Amé ou Aimon de Viry-Viry. Guillaume de Viry-d'Espagny n'eut qu'un fils, mort sans postérité le 24 mars de l'an 1492 (2).

—

VIRY-PLANAZ. Cette branche eut pour auteur Jean de Viry, deuxième fils d'Amé ou Aimon de Viry-Viry ; elle s'est éteinte, vers la fin du XVIe siècle, en les personnes de Pierre de Viry Planaz, mort sans postérité, et d'Amé, son frère, reçu chevalier de Saint-Jean de Jérusalem, le 30 décembre 1560 (3).

—

VIRY-CARRAZ, branche formée par Jacques de Viry, troisième fils de Jean de Viry-Planaz, éteinte en les personnes de Louis de Viry-Carraz, mort en 1528, sans postérité, et de ses deux frères Paul et François, le premier mort sans postérité, le second entré dans les ordres (4).

—

VIRY-LA-FOREST. Cette branche eut pour auteur Guillaume, second fils de Jean de Viry-Planaz. Elle fut s'établir en France, où le roi François Ier, par lettres-patentes du 17 septembre 1529, créa baron Etienne, sire de Viry-la-Forest, qui, à la bataille de Pavie, avoit eu le bras emporté. Cette branche s'est éteinte en la personne de Jean-Marin, comte de Viry-la-Forest, mort à

(1) *Pourpris historique de la Maison de Sales.* — Histoire de Bresse. — (2) Archives du château de Viry, n° 228. — (3) Archives du château de Viry, sac coté n° 24. — Histoire de Malte. — (4) Archives du château de Viry, n°s 48, 204. — Histoire des diocèses de Savoie, par Besson.

Lyon en 1794, victime de la fureur révolutionnaire. Il ne fut point marié, et n'eut qu'une sœur, Marie-Antoinette de Viry-la-Forest, mariée à Gabriel de Challier, baron de Pérignat (1).

—

VIRY-LA-BARRE. Branche formée par Louis de Viry, deuxième fils de Charles, baron de Viry-la-Forest. Louis de Viry-la-Barre épousa, par contrat du 7 juin 1694, Gabrielle-Marguerite de Pierre, dont il eut cinq enfants, quatre morts en bas âge, et un, Gilbert de Viry-la-Barre, né le 3 mai 1696, mort sans postérité au mois de juillet 1737.

—

VIRY-LA-MOUSSIÈRES. L'auteur de cette branche fut Georges de Viry, troisième fils de Claude, baron de Viry-la-Forest ; elle s'est éteinte en la personne de Lazare II de Viry-la-Moussières, mort sans postérité vers la moitié du XVIIIe siècle.

—

VIRY-LULLIER. L'auteur de cette branche fut Jacques de Viry, deuxième fils d'Amé II de Viry-Viry. Cette branche, par l'extinction de toutes les autres, est devenue l'aînée et la seule existante en Savoie. Jean de Viry-Lullier et de la Croix devint baron de Viry et de la Perrière en 1545 par l'extinction de la branche de Viry-la-Perrière. Il réunit aussi en sa personne les biens de la branche aînée de Viry-Viry par l'extinction de cette dernière, comme on l'a vu plus haut, et sa postérité s'est perpétuée de mâle en mâle jusqu'au comte de Viry actuel. Son fils Marin fut créé comte de Viry, par lettres patentes du 12 mars 1593.

—

VIRY-LA-CROIX. Cette branche, dont l'auteur fut Alexandre, troisième fils de Claude de Viry-Lullier, s'est éteinte vers la fin

(1) Histoire de Bourgogne. — Archives de Viry-la-Forest, dont copie est au château de Viry.

du XVIIe sièle, en les personnes de Jean-Antoine et de Pompée de Viry-la-Croix, morts sans postérité (1).

—

Les personnages les plus marquants des différentes branches que nous venons d'indiquer furent :

HUGUES, ou GUY DE VIRY-VIRY, conseiller au Parlement de Paris, en 1315.

JEAN DE VIRY-VIRY, abbé de Sainte-Geneviève de Paris. Il donna la bénédiction nuptiale à Jean, roi de France, alors duc de Normandie, et à Jeanne, comtesse d'Auvergne et de Boulogne, en 1349.

AMÉ Ier DE VIRY-LA-PÉRRIÈRE, qui fut grand bailly du Bugey en 1340 (2).

HUGONIN DE VIRY-LA-PERRIÈRE. Il partit, suivi de son frère Gallois et de 26 écuyers, pour aller au secours de Jean, roi de France contre Edouard, roi d'Angleterre, en 1355. En 1366 il suivit le comte de Savoie à la croisade, et mourut dans cette expédition (3).

AMÉ DE VIRY-LA-PERRIÈRE, dit le Grand, l'un des grands capitaines du XVe siècle, commanda, en 1406, l'armée du duc de Lorraine contre les comtes de Nassau, de Saluce et de Salerne, combattit vaillamment à la bataille que Jean de Bourgogne livra aux Liégeois en 1408 : fit la guerre au duc Louis de Bourbon. Nommé lieutenant général du comte de Savoie, il commanda en chef l'armée de Charles VI contre le duc de Bourbon, remporta la victoire de Villefranche en 1410, et commanda l'aile gauche du duc de Bourgogne à l'attaque de Saint-Cloud, en 1411. Il donna de grandes preuves de bravoure en

(1) Archives du château de Viry, n° 2196. — (2) Histoire des Grands Officiers de la Couronne, à Turin. — (3) Histoire de Savoie. — Archives du château de Viry, n° 570.

commandant l'avant-garde de l'armée au siége de Dun-le-Roi, que Charles VI fit en personne. Il fut bailli de Mâcon et sénéchal de Lyon (1).

AMÉ ou AIMON DE VIRY-VIRY, qui conduisit les lances savoisiennes, composées de 390 écuyers et 24 archers, à la bataille livrée aux Liégeois en 1408 par Jean duc de Bourgogne.

AMÉ IV DE VIRY-LA-PERRIÈRE, conseiller d'État du duc de Savoie et son ambassadeur extraordinaire auprès de plusieurs cours d'Europe ; fut nommé vidame de Genève par le duc Philibert, le 4 janvier 1482, créé baron de Viry, de la Perrière, Montrieux-Rolles et Coppet, par lettres patentes du duc Charles III, du 20 novembre 1484, chambellan et conseiller d'État de Blanche de Montferrat, régente de Savoie en 1492, ambassadeur extraordinaire de Philibert le Beau, duc de Savoie, pour négocier et conclure le mariage de ce prince avec Marguerite d'Autriche, ambassadeur extraordinaire de Philibert, duc de Savoie, auprès de l'empereur Maximilien, en 1496, pour prendre en son nom l'investiture de ses Etats, ambassadeur extraordinaire du même prince pour accéder de sa part au traité de Cambray en 1508, grand bailly du pays de Vaud en 1513 (2).

GUILLAUME DE VIRY-ESPAGNY, président de la chambre des comptes, en Savoie, par lettres patentes du 29 septembre 1453.

JEAN DE VIRY-LA-FOREST, lieutenant général de la province de Forest, en 1482, et député aux États-généraux de Tours, en 1484 (3).

AMBLARD DE VIRY-PLANAZ, protonotaire apostolique, chanoine de l'église de Saint-Pierre de Genève, conseiller principal du

(1) Archives du château de Viry, nº 545. — Histoire de France. — Histoire de Bourgogne. — Archives de Viry-la-Forest. — (2) Archives du château de Viry, nºˢ 453, 1804, 877. — (3) Histoire du Forest. — Histoire de France.

duc Louis de Savoie; mort et enseveli en l'église de Saint-Pierre de Genève, où l'on voit encore son tombeau.

JACQUES DE VIRY-LULLIER, conseiller d'État du roi de Chypre. Envoyé extraordinaire pour conclure le mariage du prince de Piémont, fils aîné du duc Amé VIII de Savoie avec Anne de Chypre, fille de Janus, roi de Chypre.

MARIN, baron, puis comte de Viry, par lettres patentes du 12 mars 1593, conseiller d'État et chambellan des ducs Charles et Emmanuel Philibert de Savoie (1). Commandant général de la noblesse du Génevois et du Faucigny en 1598. Il commanda l'armée du duc de Savoie contre les Bernois en 1582, et mourut en juillet 1605.

FRANÇOIS-JOSEPH, comte de VIRY, Ministre du roi de Sardaigne à Berne en 1738; Intendant général du roi dans l'île de Sardaigne, conseiller privé de ce prince en 1747, envoyé extraordinaire auprès des États-généraux des Provinces-Unies en 1750, ministre plénipotentiaire à Londres lors de la paix de Paris en 1763, premier secrétaire d'État et ministre des affaires étrangères à Turin en 1764, mort en décembre 1766. — Le comte de Viry avoit épousé Louise-Marie-Joséphine de Rochette, fille de François de Rochette, baron de Cohendier, dont il n'eut qu'un fils qui suit. Le comte de Viry avoit deux frères, tous deux morts sans postérité, et dont l'un fut :

ALBERT-EUGÈNE, baron de VIRY, grand'croix des SS. Maurice et Lazare en 1771, lieutenant général de cavalerie en 1774, gouverneur de la province et ville de Pignerol en 1779, chevalier de l'ordre suprême de la Sainte-Annonciade en 1780.

—

(1) Archives du château de Viry, n° 1320 et sacs cotés n°s 65, 90, 138 et 178. 1581.

Joseph-Marin-François-Justin, comte de Viry, baron de la Perrière et de Cohendier, seigneur d'Auguy, Herchamp et Sauterens, né à Viry le 1er novembre 1737, ministre plénipotentiaire auprès des États-généraux des Provinces-Unies en 1764, envoyé extraordinaire à Londres et gentilhomme de la chambre du roi en 1765, grand'croix des SS. Maurice et Lazare en 1767, ambassadeur en Espagne en 1769, ambassadeur à Paris en 1773, pour y conclure le mariage de monseigneur le comte d'Artois avec Marie-Thérèse de Savoie, et celui de monseigneur le prince de Piémont avec madame Clotilde de France, Sénateur et Chambellan de l'empereur Napoléon Ier, grand officier de la Légion d'honneur, grand'croix de l'ordre impérial de la Réunion. Il mourut à Paris le 23 octobre 1813, et fut enseveli au Panthéon. Le comte de Viry avoit épousé en premières noces, le 12 novembre 1761, à Londres, mademoiselle Jeanne-Henriette Speed, fille de M. Samuel Speed, mort colonel de cavalerie au service d'Angleterre en 1731, et de madame Speed, née Cardonel-Jones, dont il eut un fils qui suit. Et en secondes noces, il épousa, le 15 septembre 1783, mademoiselle Jéronime de Mareste de Rochefort, dont il eut quatre fils morts sans postérité, et qui sont :

Albert-Eugène-François de Viry, né le 20 juillet 1784, mort au château de Viry : il avoit épousé mademoiselle de Courtomer.

François-Joseph-Henry-Balthasard de Viry, né le 31 mai 1786, mort à la bataille d'Essling, aide-de-camp du maréchal Lannes, duc de Montebello. Il ne fut point marié.

Jean-Marie de Viry, né le 3 avril 1792, mort en bas âge.

Melchior-François de Viry, né le 19 septembre 1796, mort en bas âge.

François-Joseph-Marie-Henry de Viry, baron de la Perrière, puis comte de Viry par le décès de son père, né à Londres, le

27 juillet 1766 en l'hôtel des Ambassadeurs de Sardaigne, entré en 1776 dans le corps des chevau-légers du roi de Sardaigne, le baron de la Perrière donna sa démission et quitta le service du roi pour suivre S. A. R. le duc de Glocester, plus tard roi d'Angleterre sous le nom de Georges IV, qui le nomma son écuyer, puis il fut élu membre de la chambre des communes. Rentré en France, il mourut à Tours le 15 janvier 1820. Le baron de la Perrière avoit épousé à Londres mademoiselle Augusta Montagu Sandwich, décédée le 13 février 1849, dont il eut quatre fils et quatre filles qui sont :

I. JEAN-HENRY-GEORGES comte DE VIRY, né en Angleterre, le 24 février 1792, lieutenant général, commandant général de la marine royale Sarde, chevalier grand'croix de l'ordre de l'Aigle rouge de Prusse, commandeur de l'ordre des SS. Maurice et Lazare et de celui de Ferdinand des Deux-Siciles, chevalier de l'ordre de Saint-Étienne de Toscane, décurion honoraire de la ville de Gènes, décédé au château de Viry, le 9 septembre 1844. Le comte de Viry avoit épousé en premières noces mademoiselle Emily-Frederica Lock, dont il eut :

1. Eugène-Hilarion baron de la Perrière, puis comte de Viry, né le 23 août 1822, à Boulogne-sur-Mer ; capitaine de vaisseau dans la marine royale italienne, a épousé, le 12 juin 1847, à Paris, mademoiselle Marie de la Moussaie, fille du marquis de la Moussaie, pair de France ; de ce mariage :

    a. Georges de Viry.
    b. Henriette de Viry.

Le comte Georges de Viry épousa en secondes noces Delphine de Cessole, dame du palais de S. M. la reine de Sardaigne, décédée à Turin le 27 décembre 1851, fille d'Anselme-Hilarion Spitalieri, comte de Cessole, premier président du Sénat royal de Nice, chevalier grand'croix de l'ordre des SS. Maurice et Lazare, et de Sophie-Thérèse de Châteauneuf, dont une aïeule maternelle fut madame de Sévigné. — De ce mariage :

2. Henry de Viry, baron de Viry, capitaine de vaisseau dans la marine royale italienne, né le 8 décembre 1825; marié, à Gênes, en 1853, à mademoiselle Marie Centurioni, dont :

c. Élisabeth de Viry.

3. Prosper de Viry, mort en bas âge.

4. Charles-Albert de Viry, né le 30 avril 1834, capitaine du génie, puis du corps d'état-major dans l'armée sarde, capitaine d'infanterie dans l'armée françoise par suite de l'annexion de la Savoie à la France, et démissionnaire en 1862; a épousé, le 23 avril 1862, Joséphine-Jeanne de Montagnac, fille de Joseph-André-Élizé de Montagnac, député au Corps législatif, et de Clémence du Rotois.

5. Sophie Delphine de Viry, dame du palais de S. M. l'Impératrice, mariée le 8 décembre 1851, à son cousin germain, Ludovic, baron de Viry-Cohendier.

6. Eugénie de Viry, décédée en bas âge.

II. ALEXANDRE, baron de VIRY, gentilhomme de la chambre de S. M. le roi de Sardaigne, décédé au château de Viry le 17 décembre 1848; marié en premières noces à mademoiselle d'Auberjon de Murinais, dont :

1. Timoléon de Viry, puis baron de Viry, ex-officier de cavalerie dans l'armée sarde, marié à mademoiselle Émilie Galateri.

2. Ludovic de Viry, baron de Viry-Cohendier, ex-officier de cavalerie dans l'armée sarde; a épousé Sophie Delphine de Viry, sa cousine germaine.

3. Augusta de Viry, mariée à Stanislas, vicomte de Drée.

Le baron de Viry épousa en secondes noces mademoiselle Mathilde de Villette de Chevron, dont il eut un enfant mort en bas âge, et en troisièmes noces il fut marié à Gabrielle de Pina dont :

4. Amé de Viry.

—

III. William de Viry, capitaine d'infanterie, écuyer de S. M. le roi de Sardaigne, décédé à Turin en 1845, marié à Londres à mademoiselle Émily Montagu, décédée à Turin en 1861, veuve en secondes noces d'Adrien, comte Thaon de Revel, ministre de Sardaigne à Vienne. — De William de Viry et d'Emilie Montagu sont issus :

1. Charles-Albert de Viry.

2. Marie de Viry.

—

IV. Charles de Viry, conseiller à la Cour impériale de Chambéry, ex-député de Savoie au Parlement sarde, veuf de mademoiselle Jenny de Salins, dont :

1. Edmond de Viry, capitaine d'artillerie dans l'armée italienne.

—

V. Élisabeth de Viry, décédée à Turin, le 15 décembre 1858, veuve de M. Beauman, contre-amiral dans la marine angloise.

—

VI. Caroline de Viry, sans alliance.

VII. Laure de Viry, mariée en premières noces au comte de Ville de Ferrières, veuve en 1860, remariée en 1863 au comte de Feu, à Sens.

—

VIII. Anna de Viry, supérieure du couvent de la Visitation à Chambéry, décédée.

—

Par l'annexion de la Savoie à la France, la maison de Viry s'est divisée en deux branches principales distinctes par leur nationalité.

BRANCHE FRANÇAISE.

Chef actuel.

CHARLES-ALBERT DE VIRY, comte de Viry (1), troisième fils de feu Georges, comte de Viry et de Delphine de Cessole, marié le 23 avril 1862 à Joséphine-Jeanne de Montagnac.

Le comte Albert de Viry, représentant en France la branche aînée, forme la vingt-sixième génération, sans interruption masculine, depuis Hugues Ier de Viry de Salnove, époux d'Antoinette, fille d'Aimon Ier et sœur de Gerold, comtes souverains de Genève, de l'an 1000 à 1030.

Sœur.

Sophie-Delphine de Viry, baronne de Viry-Cohendier, dame du palais de S. M. l'Impératrice.

Oncle et Tantes.

Charles de Viry, conseiller à la Cour impériale de Chambéry.
Laure de Viry, comtesse de Feu.
Caroline de Viry.
Gabrielle de Pina, baronne douairière de Viry.

Cousins et Cousines.

Timoléon, baron de Viry, possesseur actuel du château de Viry, marié à Émilie Galateri.

Ludovic, baron de Viry-Cohendier, marié à sa cousine Sophie-Delphine de Viry.

Augusta de Viry, comtesse de Drée.

Aimé de Viry.

(1) Lettre de S. E. le garde des sceaux, du 19 avril 1862, à l'autorité municipale de Sedan, à l'occasion du mariage d'Albert, comte de Viry.

Paris. Imp. PILLET fils aîné, rue des Grands-Augustins, 5.